Publicat en català per Grup Editorial 62 s.l.u., 2017
Estrella Polar, Av. Diagonal 662-664, 08034 Barcelona
Primera edició: juny del 2017
ISBN: 978-84-9137-293-6
Dipòsit legal: B. 10.355-2017
Imprès a Espanya

Estrella Polar

LLAMP MCQUEEN

Tipus de vehicle:

Cotxe de carreres de la Copa Pistó, fabricat a mida el 2006

Al Circuit del Motor del Sud, en Llamp McQueen va avançar els seus grans rivals i va creuar la meta en primera posició. El triomf el va dedicar al seu mentor i antic director d'equip, Doctor Hudson.

JACKSON STORM

Tipus de vehicle:

Cotxe de carreres de la Copa Pistó de nova generació, fabricat a mida el 2017

Uns dies després, al Circuit de Copper Canyon, en Llamp estava a punt de celebrar una altra victòria, però de sobte va aparèixer un misteriós cotxe de nova generació que el va avançar i va guanyar! Era en Jackson Storm.

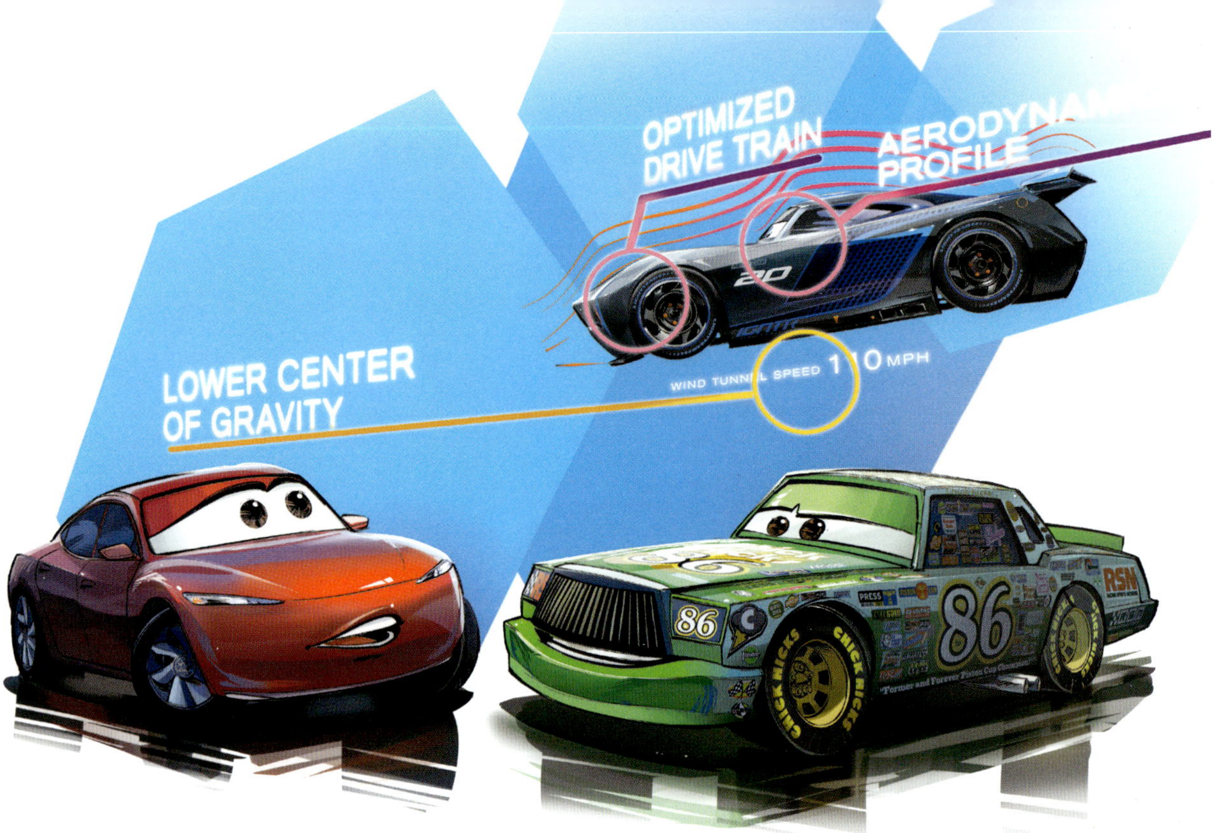

Tothom va començar a parlar de l'Storm i d'altres cotxes de nova generació. A la RSN (Racing Sports Network), l'analista Natalie Certain explicava els avantatges d'aquests nous automòbils: una construcció moderna, una nova aerodinàmica i un entrenament d'alta tecnologia.

L'Storm continuava sumant victòries, i en Llamp, només derrotes i frustració. Per molt que s'hi esforcés, en Llamp no aconseguia ni tan sols acostar-s'hi. El món de les curses estava canviant massa de pressa per a ell.

A la cursa següent, després d'una parada a boxes molt ràpida, en Llamp es va posar primer, però l'Storm el va avançar al cap de no res. En Llamp va voler recuperar el terreny perdut i va prémer l'accelerador a fons, però va perdre el control i...

CRAASH

En Llamp va trigar a recuperar-se d’aquell accident. Es va refugiar al garatge del Doctor Hudson i dubtava si havia de retirar-se.

Després de xerrar amb la Sally, va entendre que encara no era el moment. Havia de parlar amb els seus patrocinadors de Rust-eze, en Rusty i en Dusty.

Rodejat dels amics de Radiador Springs, en Llamp va parlar per telèfon amb en Rusty i en Dusty. Li van dir que l'esperaven al nou Centre de Carreres Rust-eze. En Ramon va fer una nova capa de pintura a en Llamp, mentre en Luigi i en Guido preparaven el tràiler Mack. L'endemà, de bon matí, van sortir.

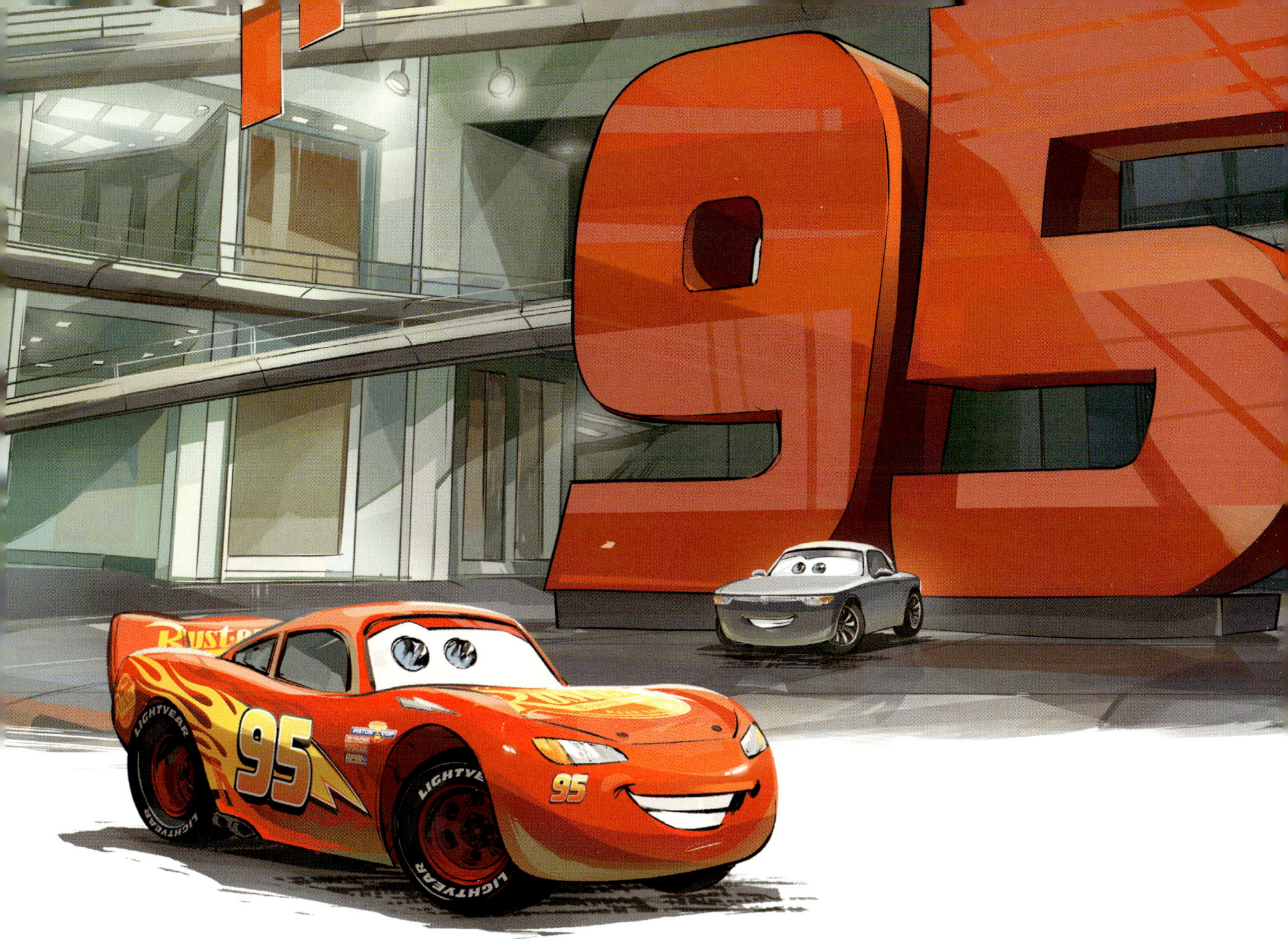

El centre era increïble. En Llamp va quedar bocabadat quan va entrar al pati interior i va veure-hi una escultura gegantina del seu número 95. De seguida va saber que en Rusty i en Dusty havien venut Rust-eze a un ric automòbil de negocis que es deia Sterling.

CRUZ RAMÍREZ

Tipus de vehicle:

Cupè esportiu CRS fabricat l'any 2017

A en Llamp li va encantar la nova tecnologia d'entrenament, sobretot el simulador de curses, on en aquell moment hi havia un cotxe groc corrent a una velocitat increïble.

—Qui és aquesta corredora?

—va preguntar en Llamp.

—No és una corredora; és la Cruz Ramírez, la millor entrenadora del sector —va contestar l'Sterling.

La Cruz va dissenyar un entrenament per a en Llamp. Havia de relaxar les seves velles articulacions i enfortir-se a poc a poc.

A la cinta de córrer, la seva velocitat màxima va ser de 8 km/h.
—L'augmentarem després de la migdiada —li va dir.
—Migdiada? Jo no en necessito, d'això! —va saltar en Llamp.

En Llamp va voler provar el simulador, però no va anar gens bé. L'Sterling el va amenaçar de retirar-lo si no guanyava la cursa següent. En Llamp li va demanar que el deixés entrenar-se a la seva manera.

A la Platja de Foc, en Llamp havia de fer proves de velocitat sobre la sorra. Mentre s'entrenava, va anar donant consells a la Cruz, que no havia corregut mai per la platja.

Quan tornaven, en Llamp va tenir una idea brillant en veure una senyalització a Thunder Hollow:

—Això és el que em cal, competir contra cotxes de carreres de debò.

A Thunder Hollow, en Llamp i la Cruz es van ficar al mig del Derbi de Demolició el Vuit Boig, una prova caòtica de xocs i més xocs sobre el fang. Dos dels participants més temibles eren l'autobús escolar de la Senyoreta Fritter i el camió de l'aigua del Senyor Drippy. En Llamp i la Cruz van fugir d'aquella bogeria així que van poder.

En Llamp i el seu equip van decidir anar a Thomasville, el circuit del fabulós Hudson Hornet. A la ciutat es van trobar amb l'Smokey, el vell entrenador del Doctor, que els va dur al seu taller. Allà els va explicar històries dels cotxes llegendaris, com aquella vegada que en Hud va saltar per damunt d'un rival per guanyar la cursa.

Un cop a la pista, l'Smokey li va dir a en Llamp:

—Mai seràs tan ràpid com l'Storm, però potser més llest, sí. Et caldrà un company d'entrenament que faci el paper de Storm.

Amb l'ajuda de les llegendes del motor i d'en Guido, van equipar la Cruz amb un aleró i uns pneumàtics de competició. Fins i tot li van posar el nom de «Storm» al para-xocs. De seguida, l'Smokey es va posar a dirigir les proves d'entrenament.

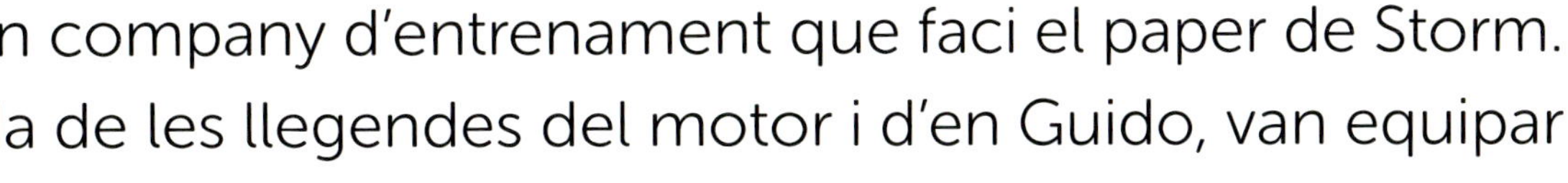

Una nit es van entrenar al bosc, sense llums, i s'ho van passar d'allò més bé. A l'última cursa de preparació, la Cruz va guanyar en Llamp.

Aquell fet els va descol·locar a tots una mica, però no els quedava gaire temps per pensar-hi.

El circuit internacional de Florida, la joia de la corona de la Copa Pistó, els esperava. Un cop allà, l'Storm va passar pel costat d'en Llamp i la Cruz i, amb un somriure foteta, va dir:

—Home, campió! M'han dit que demà comences a vendre parafangs.

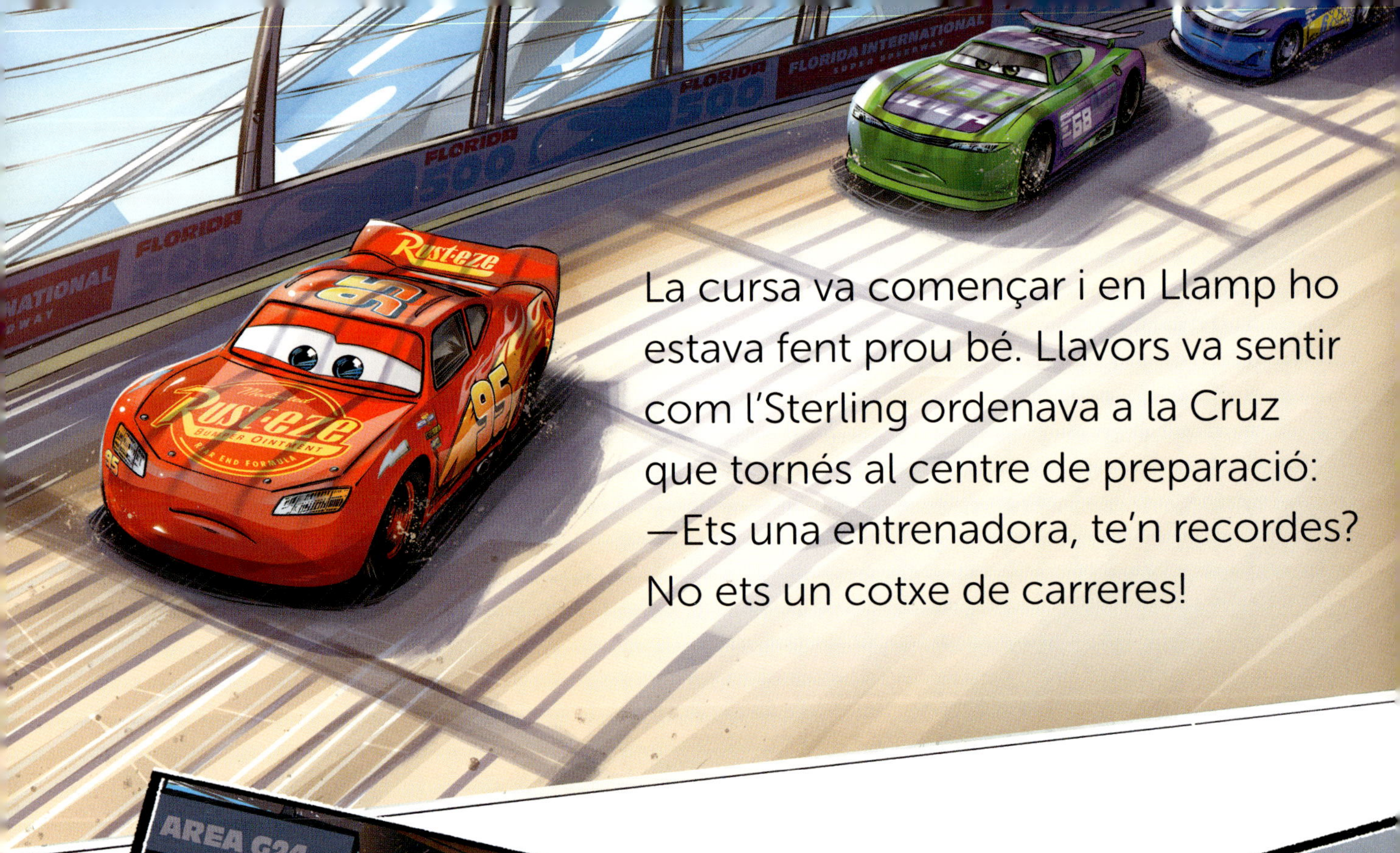

La cursa va començar i en Llamp ho estava fent prou bé. Llavors va sentir com l'Sterling ordenava a la Cruz que tornés al centre de preparació:
—Ets una entrenadora, te'n recordes? No ets un cotxe de carreres!

Aleshores, en Llamp hi va caure: la Cruz era un cotxe de carreres, i tant que ho era!

Ella l'havia guanyat a totes les proves d'entrenament que havien fet.

La carrera es va haver d’aturar
per un accident, i en Llamp ho va
tenir clar: la Cruz acabaria la cursa.
L’equip es va posar a treballar en
ella fins que va quedar perfecta,
amb el seu resplendent número
95 al lateral.

Davant la sorpresa de tothom, aquell cotxe desconegut va començar a córrer i es va posar darrere l'Storm, que no s'ho podia creure.

La Cruz va guanyar la prova fent la mateixa maniobra del Doctor que l'Smokey els havia explicat. En Llamp se'n sentia molt orgullós. Uns dies després, a Radiador Springs, en Llamp i la Cruz s'entrenaven plens d'energia i felicitat.